어린이를 위한 평등 교과서

부와 가난은 어떻게 만들어지나요?

초판 1쇄 펴낸 날 2015년 9월 15일
초판 3쇄 펴낸 날 2018년 5월 14일

지은이 모니크 팽송-샤를로, 미셸 팽송
그린이 에티엔 레크로아트
옮긴이 목수정
펴낸이 이광호
펴낸곳 레디앙 어린이
디자인 앤드

등록 2014년 6월 2일 제315-2014-000045
주소 서울 강서구 공항대로 481(등촌동, 2층)
전화 02-3663-1521   팩스 02-6442-1524
전자우편 redianbook@gmail.com

ISBN 978-89-98757-03-8 73320

Title of original French edition : Pourquoi les riches sont-ils de plus en plus riches et les pauvres de plus en plus pauvres?
ⓒ editions laville brûle.
Authors' names : Monique Pinçon-Charlot, Michel Piçnon, Étienne Lécroart
All rights reserved.

Korean Translation copyright ⓒ 2015, Redian Publishing Company, Seoul
The Korean edition was published by arrangement with Edition laville brûle, Montreuil through Greenbook Literary. Agency, Seoul.

이 책의 한국어판 저작권과 판권은 저작권 에이전시 그린북을 통한 저작권자와의 독점 계약으로 도서출판 레디앙에 있습니다. 저작권법에 의해 한국 내에서 보호를 받는 저작물이므로 무단 전재와 무단 복제, 전송, 배포 등을 금합니다.

어린이를 위한 **평등 교과서**

부와 가난은 어떻게 만들어지나요?

지은이 모니크 팽송-샤를로 & 미셸 팽송
그린이 에티엔 레크로이트
옮긴이 목수정

레디앙어린이

일러두기
- 본문의 붉은 글씨는 이 책 저자들이 강조한 것입니다.
- 본문에 회색 글씨로 된 주석은 이 책 저자들이 쓴 내용입니다.
- 본문에 붉은 글씨로 된 주석은 이 책을 번역하신 목수정 선생님이 덧붙인 내용입니다.
- 유로화와 한국 원화의 환율은 2013년 기준 환율인 1유로 당 1,500원으로 계산했습니다.

모니크와 미셸은 이 책을 이쁘리트와 이지도르에게 바칩니다.
에티엔은 이 책을 마리엘과 아누크에게 바칩니다.

모니크와 미셸, 에티엔은 이 책을 기획하고 만드는 데
힘을 보태준 편집자 마리안 쥐젤라에게 감사의 뜻을 전합니다.

목차

1. 가난한 사람들과 부자들 : 아주 오래된 이야기 12
2. 사회 계급이 뭔가요? 14
3. 사람들은 왜 계급 투쟁을 말하나요? 16
4. 거대한 부는 무엇으로 이뤄지나요? 20
5. 돈만 많으면 지배 계급이 되나요? 24
6. 어떻게 그렇게 큰 부자가 될 수 있나요? 26
7. 어떻게 점점 더 큰 부자가 될 수 있나요? 30
8. 부자들은 그 돈으로 대체 뭘 하나요? 32
9. 부자들은 모은 돈을 어디에 숨기나요? 34
10. 부잣집 아이들 역시 부자가 되나요? 38
11. 부자라는 걸 어떻게 알아볼 수 있나요? 40
12. 민주공화국에선 유산보다
    각자의 능력이 더 중요하지 않나요? 42
13. 부자들도 일을 하나요? 44
14. 부자들은 일하지 않을 때 뭘 하나요? 46
15. 부자들은 어디에 사나요? 48
16. 부자들은 사회에 필요한 존재인가요? 50
17. 부자들보다 가난한 사람들이 더 많은 세금을 낸다고요? 52
18. 부자들의 무기는 뭔가요? 56
19. 왜 대통령은 불평등 해소를 위해 아무것도 안 하나요? 60
20. 세상을 바꾸기 위해 우린 무엇을 할 수 있죠? 62

펠리컨

조나단 선장은
열여덟 살에
극동 지역 한 섬에서
펠리컨 한 마리를 잡았지.
어느 날 아침, 펠리컨은 하얀 알을 하나 낳았어.
그리고 거기서 펠리컨 한 마리가 태어났는데,
깜짝 놀랄 만큼 엄마 펠리컨을 닮았지.

이 어린 펠리컨이 자라서
또 하나의 하얀 알을 낳았어.
물론 그 알에서도
또 다른 펠리컨 한 마리가 나왔지.
그리고 이 펠리컨은 또 다른 펠리컨을…….

이 이야기는 이렇게 오랫동안 지속될 거야.
우리가 그 알로 오믈렛을 만들어 버리지 않는다면.

− 로베르 데스노스 *Robert Desnos(1900~1945)* 프랑스 시인

사랑하는 나의 어린 독자들에게

나는 너희가 우리가 사는 세상에 불평등이 가득하다는 사실을 분명히 눈치 챘을 거라고 생각해. 단번에 수억 원을 벌고, 그 많은 돈으로 도대체 뭘 해야 할지 모르는 부자들이 있는 반면, 간신히 배를 채우고 길에서 잠을 청해야 하는 가난한 사람들도 있는 세상에 우린 살고 있지.

로베르 데스노스의 시에 나오는 펠리컨처럼, 이 불평등은 "우리가 그것으로 오믈렛을 만들어 버리지 않는 한", 다시 말하자면, 우리가 부와 가난을 만들어 내는 이 사회를 바꾸지 않는 한 끝없이 재생산되겠지.

우리는 이 책에서 부자들과 가난한 사람들이 왜 생기고, 둘 사이의 관계 뒤에는 어떤 사실이 숨겨져 있는지 너희에게 설명하려고 해. 너희가 있는 그대로 현실을 보고 이러한 세상을 정확하게 비판하도록 하는 안경 같은 것을 건네려고 하는 거지.

세상이 어떻게 돌아가는지 사람들이 바로 보도록 돕는 것이 우리의 직업이야! 우린 사회학자이거든. 사회학자는 인간 사회가 어떻게 움직이는지 과학적으로 연구하는 사람들이 시. 우리가 선택한 연구 과제는 돈을 많이 가진 사람과 돈을 전혀 갖지 못했거나, 아주 적게 가진 사람들 사이의 불평등을 보여 주는 것이란다.

우리는 부자들이 어떤 방법으로 살아가는지 이해하고, 자신들의 특권을 어떤 식으로 유지하는지 알아보기 위해 부자들에게 접근해 갔단다. 낡은 운동화를 던져 버리고 번쩍이는 구두로 갈아 신고, 잘 사는 동네의 번화가로 성큼성큼 다가갔지. 우리는 최고 부자들, 최고위층과 대화를 나눴고, 파리의 으리으리한 호텔에서 그들과 점심을 함께 했으며, 그들의 취미 활동을 함께 하기도 했단다.(우린 심지어 그들이 말을 타고 사냥을 하는 동안 그들을 쫓아가기 위해 자전거에 올라타기도 했단다!)

우리는 이제 이 모든 경험을 너희와 함께 나누고 싶어. 너희가 지금 성장하고, 너희가 어른이 되어서 살아갈 이 세상, 언젠가 네가 바꾸려고 시도하고, 좀 더 살기 좋은 곳으로 만들어야 할 이 세상은 바로 너희들의 것이니까.

1 가난한 사람들과 부자들
아주 오래된 이야기

요즘 세상을 보면, 어떤 이들은 멋진 차를 굴리고, 호화 요트로 바다를 건너며, 잘 가꿔진 정원에 둘러싸인 아주 큰 집에서 살고 있지. 그들은 보통 사람이 평생을 벌어도 결코 벌 수 없는 돈을 단 한 달 만에 벌어들이지. 그러는 동안 많은 사람이 극심한 가난 속에서 살고 있어. 실업이란 말을 들어 보았겠지? 프랑스에서 수많은 사람들이 직업을 갖지 못한 상태로 살아가고 있다는 이야기를 들어 본 적이 있을 거야. 그리고 열심히 일을 하긴 하지만, 잘 먹고, 잘 살 수 있을 만큼, 아플 때 적절한 치료를 받고, 시시때때로 휴가를 떠날 수 있을 만큼 넉넉한 돈을 벌지 못하는 사람들도 있지.

이건 너무 슬픈 일이라고, 세상은 너무나도 불공평하다고 너희는 말할 거야. 이렇게 얘기할 수도 있지. 세상엔 가난한 사람과 부자가 언제나 존재했고, 사람들 사이에 있는 불평등은 자연스러운 거라고. 안타깝지만 어쩔 수 없는 것 아니냐고. 그런데 사실은 그렇지 않아. **부와 가난은 전혀 자연스러운 게 아니란다.**

*2014년 기준, 세계에서 가장 큰 부자 **85명**의 재산은 세계 인구의 절반인 **35억 명**의 가난한 사람의 재산과 맞먹는다.*

　지구에 사는 모든 사람들이 같은 방식으로 살았던 시절은 아주 오래전이지. 짐승의 가죽으로 옷을 만들어 입고, 사냥과 채집을 통해 식량을 구하던 그 시절엔, 아무도 자기 이웃보다 뭔가를 더 많이 가지지 않았어! 그러나 사람들이 뭔가를 더 많이 쌓아 놓기 시작하면서부터 불평등은 싹 텄고, 커지기 시작했지. 몇몇 사람들은 다른 사람들보다 훨씬 더 많이 쌓아 놓게 되었고, 그렇게 모은 재산을 자손들에게 물려주었어. 그리하여 여러 세대를 거치며 그들의 가족은 점점 더 큰 부와 권력을 가지게 되었지.

　불평등은 큰 권력을 가진 사람들이 자신들은 더 많이 가지고, 나머지 사람들은 거의 아무것도 갖지 못하도록 하려고 만들어 낸 전략*의 결과라고 할 수 있지. 많이 가진 사람들은 그들이 소유한 것들을 다른 사람이 가지지 못하게 하려고, 모든 노력을 기울이지. 우리는 그들이 어떤 노력을 하는지 이 책에서 보여 주려고 해.

● 전략은 하나의 목적에 도달하기 위해 취하는 행동의 방식을 말해.

2 사회 계급이 뭔가요?

먼저 너희들에게 사회 계급이 뭔지 설명해 줄게. 이건 아주 중요한 개념이야. 그리고 앞으로 우리가 설명할 모든 것들을 이해하기 위해서 꼭 필요한 개념이지. 너는 아마 학교에 다니고 있겠지? 너희 반 친구들과 하나의 반을 이루지. 같은 반 친구들끼리는 많은 공통점이 있어. 너흰 같은 선생님, 같은 교실, 그리고 같은 시간표를 가지고 있으니까. 그리고 너희는 또 비슷한 관심사를 갖기도 하지. 너흰 대부분 재미있는 수업, 그리고 좋은 시간표를 원하잖아.(그리고 가능하다면 적은 숙제도!)

사회 계급이란 것도, 같은 반 친구들과 비슷한 거야. 사회 계급이란 생활 수준이 비슷하고, 사는 방식, 일하는 방식이 비슷한 사람들의 집단이야. 그들은 서로 같은 집단에 속했다는 걸 인식하고, 공동의 이익 을 지키려고 서로 힘을 모으지.

* 공동의 이익을 갖는다는 것은 같은 것을 얻기 원하고, 같은 목표를 갖는다는 것을 말하지.

서민 계급은 가장 힘든 조건에서 가장 적은 급여를 받고 일하는 사람들을 말하지. 공장 노동자나 가게 직원 같은 사람들이야. 서민층에 해당하는 사람들이 사회에서 가장 많은 수를 차지해(그러나 그들의 권리는 가장 덜 지켜지지).

바로 그 위에는 **중산 계급**이 있지. 좀 덜 힘든 일을 하고, 좀 더 많은 급여를 받는 사람들이야. 교사나, 사무실 노동자 같은 사람들이 여기에 속하지.

의사나 엔지니어, 그리고 회사 간부 같은 사람들은 **상류 계급**에 속해.

그리고 사회 계급의 맨 꼭대기에는 **지배 계급**이 있지. 우리가 이 책에서 부자들(혹은 슈퍼 부자들)이라고 부르는 사람들이야. 이 계급에 속하는 사람들을 부르주아 계급이라고 부르기도 하지. 은행가, 정치인, 혹은 서민층, 중산층, 상류층들이 함께 일하는 기업◦◦이나 공장 같은 것을 소유한 기업가들이 바로 여기에 속하지.

◦◦ 기업은 물건들을 만들어서 판매하는 데지. 물건을 생산하는 데 드는 비용과 그것을 팔아서 얻는 수입의 차이가, 기업주에게 부를 축적하게 해 주지.

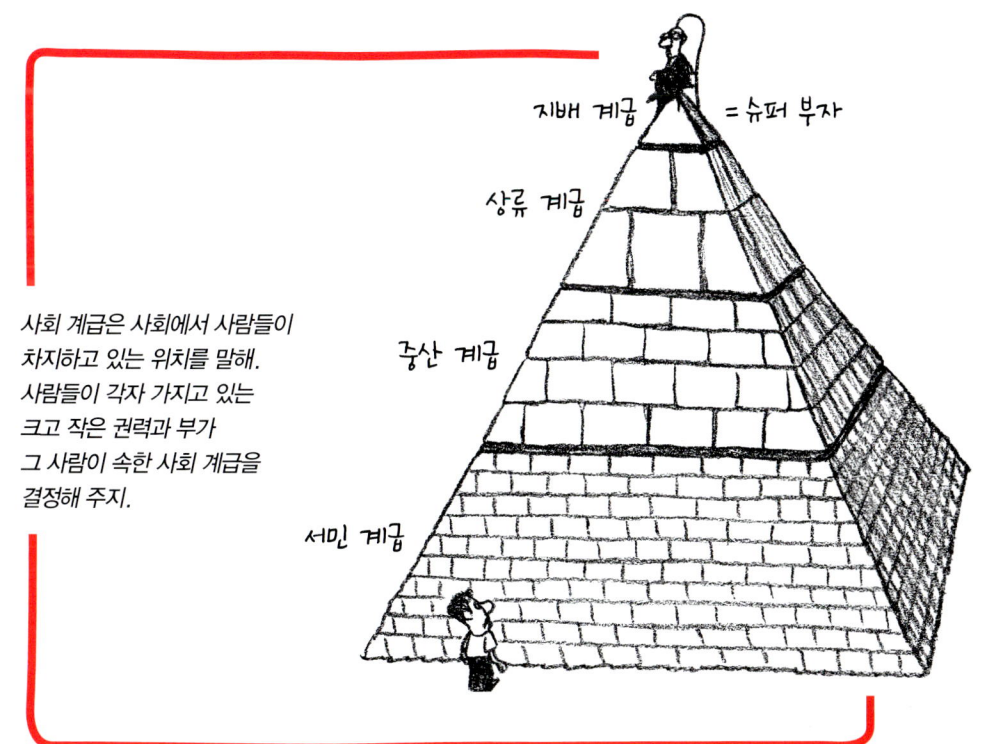

사회 계급은 사회에서 사람들이 차지하고 있는 위치를 말해. 사람들이 각자 가지고 있는 크고 작은 권력과 부가 그 사람이 속한 사회 계급을 결정해 주지.

3 사람들은 왜 계급 투쟁을 말하나요?

혹시 너희들 계급 투쟁이란 말을 벌써 들어 본 적이 있니? (계급 투쟁은 없었다. 혹은 계급 투쟁은 더 이상 없다. 이런 말을 들어봤을지도 모르겠다) 대체 계급과 계급 사이에 무슨 차이가 있기에 사회적 계급 간의 투쟁이란 말까지 나올까? 그 이유를 지금부터 설명해 줄게.

이 모든 게 시작된 건 상당히 오래전부터야. 중세 시대 때, 농노들은 그들의 영주들에게 임금(월급, 급여)을 받지 않고 공짜로 일을 해 줬지. 이런 걸 흔히 사역이라고 부른단다. 오늘날에도 여전히 임금을 받지 않고 하는 노동이란 게 있어. 예를 들어서, 너희 부모님이 월말에 받는 임금은, 부모님이 회사 사장한테 벌어다 준 돈보다 적단다. 이건 마치 너희 선생님이 네가 한 숙제의 절반만을 보고, 점수를 매기는 것과 비슷한 거라고나 할까. 그리고 나머지 절반을 팔아서 그 돈은 모두 자기 주머니에 넣는 거랑 비슷한 거지. 사장들은 그렇게 한단다. 일한 사람들이 벌어 온 돈을 모두 그들에게 나눠 주는 게 아니라, 일부만 나눠 주고 나머지는 자신의 주머니에 모두 넣는 거지. 바로 그렇게 해서 그들은 일하는 사람들보다 더 많이, 더 빨리 재산을 불리는 거야.

인간의 노동은 모든 부의 원천이지. 예를 들어서 농부들은 밀을 수확하잖아. 그것이 밀가루가 되고, 그 밀은 빵의 원료가 되는 것처럼 말이야. 광부들은 철을 비롯해서 여러 가지 광물들을 채취해 내지. 그럼 노동자들은 공장에서 그걸 가지고 자동차를 만들고, 자동차 회사는 그걸 비싼 값으로 팔지. 물건을 생산하는 데 드는 비용과, 그 물건을 판 값 사이의 차이가 부와 재산을 모으는 원천이 되는 거야. 이런 걸 부를 축적한다고 말하지.

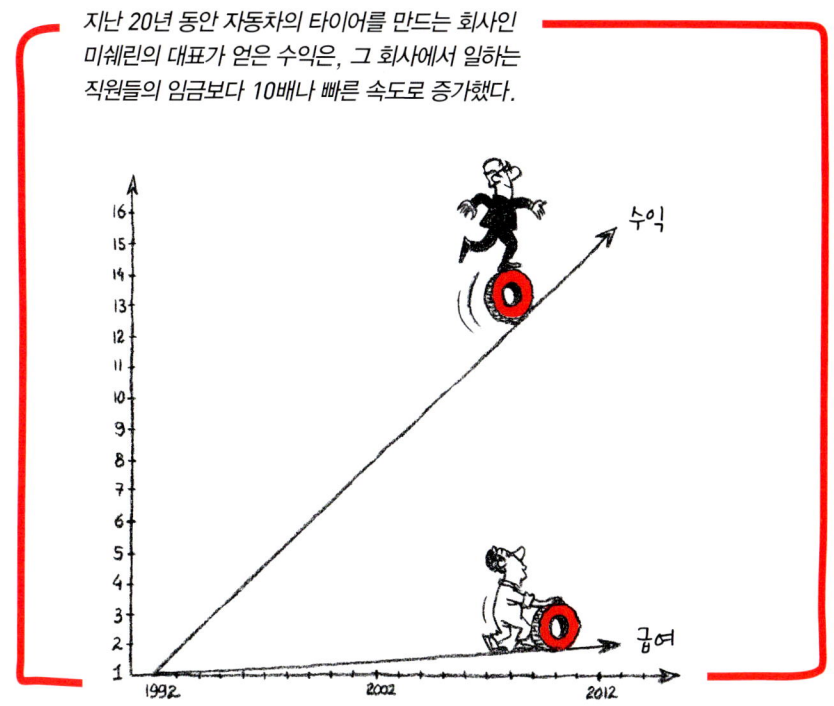

지난 20년 동안 자동차의 타이어를 만드는 회사인 미쉐린의 대표가 얻은 수익은, 그 회사에서 일하는 직원들의 임금보다 10배나 빠른 속도로 증가했다.

그러나 이렇게 해서 쌓아 올린 부를 회사 사람들 모두가 고루 나눠 갖는 것은 아니야. 노동자들이 가진 것은 노동을 하는 육체뿐이야. 반면에 지배 계급은 회사와 기계들을 모두 가지고 있지. 그래서 기업의 직원들이 벌어들인 수익의 대부분은 바로 이 지배 계급인 슈퍼 부자들에게 돌아가는 거지.

그러니, 지배 계급이 더 많은 돈을 벌기 위해선 (흔히 이걸 우린 수익이라고 하지) 직원들의 급여 가 낮으면 낮을수록 좋겠지. 그러나 직원들 입장에선, 가능한 한 많은 급여를 받는 것을 원할 테고 말이야. 그런데 결국 노동자들의 노동이 없다면, 세상엔 비참함뿐이겠지. 노동이 없다면 생활에 필요한 모든 물건들이 만들어질 수 없을 테니까. 앞에서 본 피라미드를 다시 잘 들여다보면, 이 계급의 구조를 더 잘 이해할 수 있을 거야.

● 급여는 우리가 노동력을 제공하고 대가로 받은 돈이지.

부와 가난은 어떻게 만들어지나요? **17**

봤니? 어떻게 생각해? 한쪽에선 자신이 제공한 노동의 대가로 더 많은 급여를 받기 원하고, 또 다른 한쪽은 반대로 가능한 한 적게 줘 최대한의 부를 쌓으려고 해. 꼭 전쟁이랑 비슷하지 않니?

이 대목에서 한 전문가의 의견을 들어 볼까? 지배 계급의 대표적인 인물이자 엄청나게 큰 부자인 미국의 워런 버핏이라는 사람이 있지. 세계에서 네 번째로 부자인 워런 버핏은 이렇게 선언했단다. "계급 투쟁은 있다. 그것을 시작한 것은 바로 나의 계급, 부자들의 계급이다. 그리고 우린 그 투쟁에서 이기고 있다."

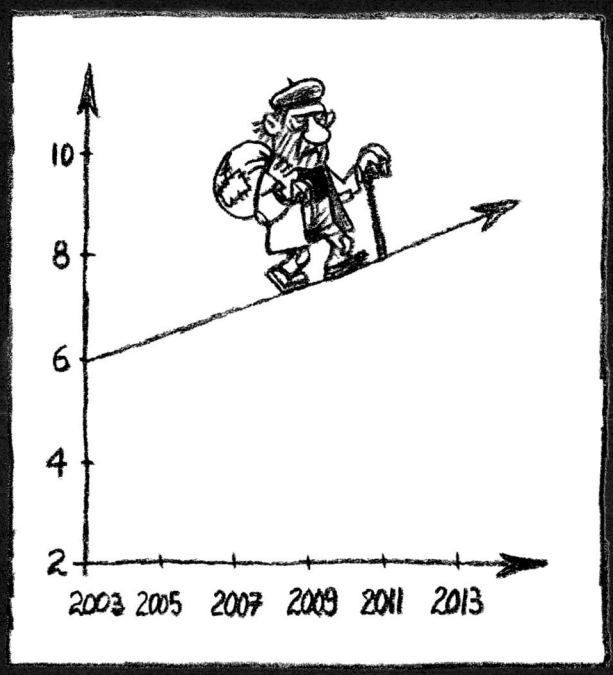

2013년, 프랑스에서 가장 부자인 500명의 재산은
3,300억 유로(495조 원)에 이른단다.
이건 1년 전보다 10배가 늘어난 수치.

부자들은 이처럼 점점 더 부자가 된단다.
그런데 가난한 사람들의 수는 점점 더 늘어나지.
2013년 현재 프랑스에는 약 5백만 명이 빈곤 상태에 있어.
전체 인구의 7.9% 수준●인데,
10년 전에 비해 140만 명이 늘어난 수치.

●같은 시기 한국에는 빈곤층이 16.5%였단다.
우리가 부자 나라로 아는 미국은 우리보다 한술 더 떠서 17.4%나 되지.

4 거대한 부는 무엇으로 이뤄지나요?

거대한 부는 물론 아주 많은 돈으로 이뤄지지. 그러나 그것만은 아니야. '자본'이란 말을 들어 봤는지 모르겠다. 어떤 사람이 소유한 돈을 말할 때 흔히 쓰는 말이지. 그런데 실은 돈 말고도 여러 가지 종류의 자본이 있단다. 지배 계급은 현금 이외에 건물이나 부동산 또는 예금이나 주식(금융 자산) 같은 자산을 가지고 있어. 이게 다른 계급들과 차이점이지. 그런데 이런 것만으로는 지배 계급이 소유한 것을 충분히 설명할 수 없어.

거대한 부는 또한 그들이 가진 아름다운 그림, 서재에 꽂힌 수많은 책들, 예술가나 연구자, 책의 저자, 영화감독 같은 사람들과의 대화나 토론, 만남 따위가 합해져서 이뤄진단다. 우리는 이런 종류의 부를 문화적 자산이라 부르지. 거대한 유산을 상속받은 사람들은 어린 시절부터 이런 사회적 계급 안에서 발을 담그고 자라나지. 이 모든 것들은 일단, 학교에서 잘 나가는 학생이 되는 데 큰 영향을 미치고, 이후 사회에 진출해서 각자의 역량을 발휘하는 데도 큰 도움을 주지.(이 부분에 대해서는 나중에 다시 이야기해 줄게.)

자산 중에는 우리가 사회적 자산이라고 흔히 부르는 사회적 인맥이라는 것이 있어. 지배 계급 집안에서 벌어지는 만찬에는 기업가, 은행가, 장관, 유명 디자이너의 홍보 담당자, 교회의 주교 같은 사람들이 모인단다. 여기에 모인 서로 다른 분야의 사람들은 한 가지 공통점을 가지고 있지. 그것은 바로 '권력'이야.

슈퍼 부자들이 소유한 자산 중에 마지막 것은 상징적 자산이란 거야. 좀 어려운 말이지? 이건 다른 형태의 부와 재산이 그들에게 있다는 것을 뜻해. 그들이 가진 부와 권력에 빛을 더하게 하고, 그것을 잘 보이게 해 주지. 돈다발을 꺼내 보여 주

● 상징이란 어떤 특정 사물이나 생각을 직접 보여주거나 언급하지 않으면서 표현하는 방법을 말해. 예를 들어 심장(하트)은 사랑을 상징하지.

슈퍼 부자는 돈과 문화, 권력, 사회적 관계, 그리고 상징적 부로 이루어진다.

지 않더라도 그들이 부자이며, 다른 사람들보다 우월하다는 사실을 보여 줄 수 있는 수많은 다른 방식이 있단다. 예를 들어 볼까? 네가 만약 샤를르-앙리 로스차일드●●라고 불린다면, 네가 레오 뒤랑●●●이라고 불릴 때와 분명 다른 효과를 낼 거야. 그 사람이 지닌 품위와 말하는 방식도 중산층과 서민층으로부터 지배 계급을 구별하는 도구이고, 중산층과 서민층을 지배하도록 도와주지.

조상들의 초상화가 죽 걸린 복도를 가로지르며 가문의 역사를 간직한 성을 소유하는 것, 파리의 멋진 동네에 근사한 저택을 가진 것, 이런 것은 사회적인 특권을 말해 주는 표시란다. 이 모든 것들이 지배 계급에 속한 사람들에게 권력을 부여하고, 이러한 가문의 자손들이 태어나면서부터 물려받게 되는 것들이지.

●● 한국식으로 말하자면 삼성 재벌 총수인 이건희 회장의 아들 이재용 정도라고 해두자.

●●● 그냥 평범한 집안의 흔한 아이 이름으로 한국식으로 하면 김철수 정도가 되겠지.

5 돈만 많으면 지배 계급이 되나요?

아니야. 많은 돈을 갖는 것과 지배 계급이 되는 것은 아주 다른 것이지. 축구 선수 카림 벤제마를 예로 들어 볼게. 카림 벤제마는 스페인 축구팀 레알 마드리드에서 활약하는 프랑스 선수야. 프로 축구계에서는 거의 세계 챔피언이라고 할 수 있지. 그는 거액의 연봉을 받고, 정말 돈이 많아. 이 사람은 완전 초호화판 삶을 누릴 수 있지. 비싼 차를 사고, 수영장이 딸린 큰 저택도 살 수 있지. 그렇지만 그는 부르주아가 아니고, 결코 부르주아가 될 수도 없어. 왜냐고? 카림 벤제마는 노동자의 아들이거든. 그가 가진 재산은 오로지 그의 축구 재능에서 비롯된 것이기 때문이지. 이건 아주 중요한 대목이야. 그는 자식들에게 자기가 모은 돈을 물려줄 수는 있지만, 그 돈을 벌게 한 기원, 즉 그의 축구 재능을 물려줄 수는 없지.

반대로, 로스차일드 가문의 부는 300여 년 전인 18세기로까지 거슬러 올라간단다. 로스차일드 가문은 오래전부터 왕실의 자산을 관리하는 은행가 집안이었어. 지금은 전 세계 권력자들의 재산을 관리하는 은행가 집안이지. 그들은 포도주를 생산하는 거대한 포도 농장, 유서 깊은 성을 소유하고, 값비싼 명화들을 수집하지. 자신의 축구에 대한 재능을 아이들에게 자동적으로 물려줄 수 없는 카림 벤제마와는 달리, 로스차일드 가문의 사람들은 가문의 아이들에게 그들의 재산을 물려줄 뿐 아니라, 그 재산을 축적하게 한 원천까지 물려준단다. 기업, 문화, 교육, 인맥……. 그리고 이 모든 것을 통해 그들은 하나의 왕조를 만들어 내는 거지.

● 왕조는 한 가문에 속하는 왕들이 대를 이어서 지속되는 것을 말해(10~14세기에 있었던 프랑스의 까페 왕조처럼). 가업을 대대로 이어가며, 저명한 인물들을 지속적으로 배출해 내는 부르주아 가문에 대해서도 이 단어를 사용하기도 하지.

부자인 것으론 충분치 않아. 그 부가 대를 이어가야지.

중요한 사실이 또 하나 있어! 카림 벤제마는 뛰어난 축구 선수이기 때문에 부자가 된 거지. 그는 자신이 가진 재능으로 부를 축적했어. 다른 사람들을 착취해서가 아니라. 지배 계급과 다른 점이지. 그는 부자가 되기 위해 다른 사람들의 주머니를 털 필요가 없었어.

2013년, 프랑스 운동선수들 중에서 가장 돈을 많이 번 사람은 농구 선수 토니 파커였어(142만 유로, 213억 원). 그리고 축구 선수 프랑크 리베리(126만 유로, 189억 원), 축구 선수 카림 벤제마(122만 유로, 183억 원)가 그 뒤를 이었지.
그런데 같은 해에 로스차일드 가문 사람들은 얼마를 벌었는지 아니? 벤자민(25억 유로, 3조7,500억 원), 필립(7억5천만 유로, 1조1,250억 원), 에릭(5억2,500만 유로, 7,800억 원), 다비드와 에두아르(2억5,000만 유로, 3,730억 원). 비교가 안 되지? 이 사람들은 프랑스에서 가장 잘 사는 사람 200명 명단에 이름을 올렸지.

6 어떻게 그렇게 큰 부자가 될 수 있나요?

프랑스에서 가장 큰 부자 100명은 2013년 한 해 동안 2,570억 유로(385조 5,000억 원)의 거대한 부를 축적했어. 이게 어느 정도의 금액인지 네가 좀 더 구체적으로 느낄 수 있도록 예를 하나 들어 줄게. 프랑스 정부가 1년 동안 세금 등으로 거둬들이는 수입이 340조5,000억 원 정도 된단다. 부자 100명의 수입이 정부 수입보다 더 많은 셈이지.

• 2015년 대한민국 예산 규모는 376조 원이야. 프랑스 부자 100명이 2013년 한 해 동안 벌어서 쌓아 놓은 돈이 우리 국민과 기업들이 낸 세금 전체보다 더 크다는 얘기라서 좀 놀랍기도 하구나.

예전에는 공장에서 상품을 만들어 파는 제조업을 해서 큰 재산을 만들었단다. 타이어를 만드는 회사인 미쉐린이나, 철을 만드는 방델 같은 회사가 그런 경우지. 혹은 금융업을 하기도 했어. 왕과 정부 그리고 기업에게 돈을 빌려주지. 로스차일드 가문과 라자르 가문은 18세기 말부터 금융업을 해서 부유한 집안이 됐지.

•• 한국의 경우라면 한국타이어나 포스코 같은 회사겠지?

오늘날에는 정보 통신 산업과 인터넷도 어마어마한 돈을 벌게 해 줬지. FREE라는 정보 통신 업체 창업자 자비에 니엘은 자산이 60억 유로(9조 원)가 돼 프랑스에서 열 번째 부자가 되었단다. 그는 10위권 안에 든 부자들 가운데 최근에 갑자기 자산을 쌓아 올린 유일한 사람이야. 나머지 사람들은 모두 오래전부터 거대한 자산을 소유했지. 하지만 자비에 니엘이 가진 재산은 베르나르 아르노(루이 비통 가방으로 유명한 LVMH그룹의 회장이지.)에 비하면 보잘것없는 것이란다. 베르나르 아르노는 2013년 프랑스에서 가장 돈이 많은 사람이지. 2012년에도 1등이었

••• 2015년 한국의 10대 부자 명단을 한 번 볼까? 1, 2등이 이건희, 이재용이야. 삼성가의 아버지와 아들이야. 그리고 9위, 10위를 같은 집안의 딸들이 차지하고 있지. 우리나라의 부자들은 대부분 재벌들이야. 한두 가지 업종을 전문으로 다루는 기업이 아니라 건축, 유통, 전자, 자동차, 심지어는 빵집, 식당까지 숱한 업종에 침투해서 문어발식 경영을 하는 기업이지. 우리나라 10대 부자 중에도 정보 통신 업종에 있는 부자가 한 사람이 있네. 다음 카카오 의장인 김범수라는 사람인데, 프랑스의 경우처럼 이 사람도 최근에 부자가 된 경우지.

어. 베르나르 아르노는 옷, 향수, 보석, 샴페인 등 소위 명품 산업을 통해 240억 유로(36조 원)를 벌어들였어.

그리고 어마어마한 돈을 벌 수 있는 또 다른 방법이 있지. 그건 바로 금융 투기●●●●야. 돈을 가지고 하는 도박과 투기가 엄청나게 빠른 컴퓨터를 통해 전 지구적으로 이뤄지고 있단다. 1초도 안 되는 순간에 수십억 달러(수조 원)를 사고팔 수 있지. 바로 이런 위험한 투기 때문에 한 국가가 파산하고, 인류를 재앙으로 몰아넣어. 그런데도 돈에 눈이 먼 자들은 아랑곳하지 않고, 이 짓을 결코 멈추지 않지!

●●●● 경마나 축구 경기의 승패를 두고 사람들이 내기를 하는 것처럼, 이 사람들은 한 회사의 주식이나 환율, 밀, 쌀, 설탕 같은 곡물의 가격에 대해서도 투기를 일삼지.

돈이 돈을 번다.

돈이 많을수록, 더 많은 돈을 가져다 주는 활동에 돈을 투자하고, 다른 계급과 정치 권력자에게 압력을 행사할 수가 있는 거야. 물론 더 큰 부를 형성하기 위해서지.

세계의 억만장자들

인류 역사상 억만장자들(10억 달러, 즉 1조 원 이상을 소유한 부자들)이 지금처럼 많은 적은 없었다. 2013년에만 세계 억만장자 수는 1,426명이었는데, 한 해 전보다 200명, 25년 전보다는 2배 늘어난 수야. 1,426명의 슈퍼 부자들은 2013년 한 해 동안 5조4,000억 달러(5,400조 원)을 벌었어. 25년 전보다 20배 늘어났지.

● 우리나라에도 1조 원 이상을 가진 사람 수가 31명이나 된단다.

부는 꼭대기가 없는 산과 같은 거야.
언제나 더 멀리 갈 수 있지.
그러나 가난에는 바닥이 있어.
0 이하로 내려갈 수는 없는 법이니까**.

**그러나 실제로는 0 이하로 내려가는 일도 가능해.
빚더미에 올랐다는 말 들어봤지?
다른 나라도 그렇지만
한국에선 빚을 안고 사는 사람들이 특히 많지.
사채업자들이 쉽게 돈을 빌려주고,
엄청나게 많은 이자를 받아 내서,
사람들을 빚의 덜미에 걸려들게 유인하거든.

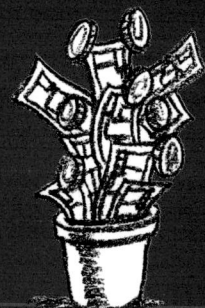

어떻게 점점 더 큰 부자가 될 수 있나요?

너희가 아는 대부분 어른들은 생활에 필요한 것들을 사기 위해 돈 버는 일을 할 거야. 매달 자신이 일한 대가로 월급을 받는 사람들 중에도 물론 큰 차이가 있지. 프랑스에서 2013년 월 최저 임금은 약 1,430유로(약 214만 5천 원)야. 그리고 가장 높은 수준의 월급을 받는 사람들은, 한 달에 12,000유로(1,800만 원) 정도를 받아. 정확히 10배 차이가 나지.

● 법으로 정한 최소한의 임금 수준이야. 기업주가 이것보다 적은 임금을 주면 안 돼. 같은 시기 한국의 월 최저 임금은 약 101만 원이었지. 프랑스의 절반 정도야. 더구나 프랑스는 1주일에 35시간 노동하는 것을 기준으로 했고, 한국은 44시간을 기준으로 한 것이라서, 시간당 최저 임금의 경우 프랑스가 두 배를 훨씬 넘겠구나.

그러나 슈퍼 부자들의 세계에선 좀 달라. 우선 그들은 더 많은 부를 만들기 위해서 일할 필요가 없지. 그들의 재산●●이 그들을 대신해서 일을 하거든. 그래서 그들에겐 돈 버는 일이 아주 쉽지. 어떤 갑부가 자기 건물을 임대한다면, 건물이 그를 대신해서 돈을 벌어 주지. 한 기업을 가졌다면, 그 기업이 돈을 벌어다 주지. 자기가 가진 돈으로 여러 가지 투기도 하겠지. 그

●● 재산은 한 사람이 가지고 있는 온갖 종류의 자산을 다 합친 거야. 은행에 맡겨 놓은 돈, 가지고 있는 기업, 주식, 비싼 그림, 집, 건물, 성 같은 것들.

부자 계급들 간 재산 차이는 엄청나지. 프랑스에서 가장 큰 부자인 명품 가방 장사 베르나르 아르노의 재산은 2013년 기준으로 243억 유로(35조 원)야. 아르노는 프랑스 500번째 부자인 알랭 카르펭티에(유명한 심장병 전문 의사)보다 돈이 380배나 더 많거든. 알랭 카르펭티에 재산은 겨우(!) 6,400만 유로(96억 원)거든.

러면 그 투기에 들어간 돈이 다시 그에게 돈을 가져다 주는 식이야.

자신이 직접 일하지 않고, 자산을 통해서 버는 돈의 규모는 부자들 사이에서도 큰 차이가 있지. 이 차이는 월급쟁이들의 월급 차이보다 훨씬 크단다.

8 부자들은 그 돈으로 대체 뭘 하나요?

"그들은 언제나 더 많은 것을 요구해!" 이 말은 노동자들이 임금 인상이나 더 나은 노동 조건을 요구할 때 기업가들이 흔히 쓰는 표현이지. 그러나 현실은 정반대란다. 부자들이야말로 항상 더 많은 돈을 요구하는 사람들이지.

부자들은 사치품, 쾌적한 시설, 호화로운 파티 등을 놓고 서로 경쟁을 한단다. 언제나 1등이 되려고 안달이지. 호화 요트는 그 길이로 호화로움의 순위를 매기지. 슈퍼 부자들은 서로 더 큰 요트를 가지려고 경쟁한단다. 우리가 보기엔 웃기지만, 슈퍼 부자들에겐 큰 요트를 갖는 것은 엄청나게 중요한 일이야. 대형 호화 요트를 가지고 있으면, 또 다른 부자들을 초대할 수 있고, 강렬한 인상을 남길 수도 있으며, 남들이 자신에 대해서 말하게 할 수도 있고……. 뭐 대충 그런 거지!

가난은 대체로 평등하지. 가난한 사람들은 거의 모두 엇비슷한 수준의 삶을 살아. 그러나 부자들은 언제나 더 큰 부자가 될 수 있어. 슈퍼 부자들은, 학생들이 성적표에 민감한 것처럼, 그들이 쌓아 놓은 부의 성적표에 아주 민감해.

● 삼성 그룹 총수인 이건희 회장 재산은 모두 12조4천억 원 정도야. 성적표 한 번 만들어 봤어(아래 오른쪽).

프랑스 최고 부자인 베르나르 아르노는 유럽에서는 세 번째 부자이며, 전 세계로 치면 열다섯 번째 부자야. 그의 꿈을 한 번 맞춰 봐. 물론, 세계 최고의 부자가 되는 거란다.

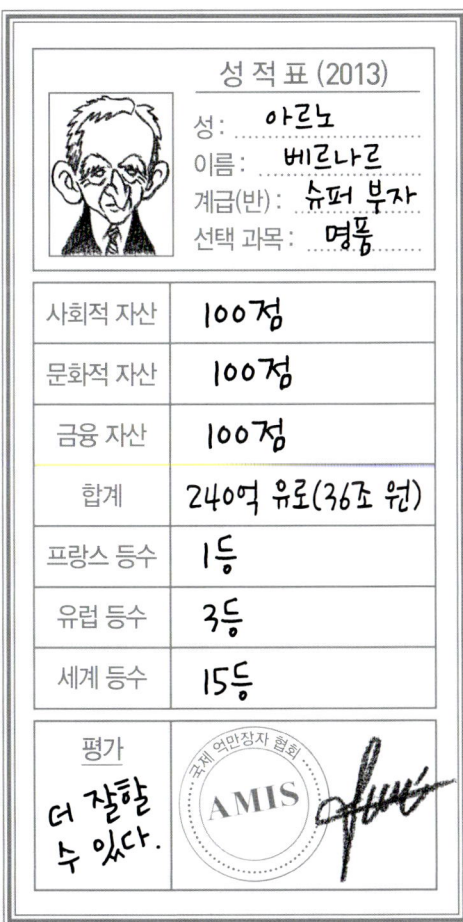

9 부자들은 모은 돈을 어디에 숨기나요?

그들은 재산 일부를 '필수품'을 구입하는 데 쓰지. 대형 승용차, 성, 요트, 일반인과 함께 여행하지 않도록 해 주는 전용 비행기가 필수품이란다. 그뿐 아니야. 물이나 눈밭에 발을 담그게 해 주는 별장들, 호젓한 휴가를 누리는 낙원 같은 섬까지 그들에겐 필수품에 속한단다. 또 다른 재산은 은행이나 기업, 세놓으려고 가지고 있는 건물이지. 이 모든 재산이 슈퍼 부자의 수입을 더 늘리도록 하지.

나머지는? 그들 재산 규모는 너무도 커서, 절대로 그걸 다 써 버릴 순 없단다. 그들의 자식들도, 그 자식의 자식들도 그들의 곳간을 다 비울 수는 없을 거야.

그럼, 이 놀라운 금액의 돈을 다 어디에 쓸까? 재산세를 내는데? 지금 농담한 건 아니지? 그건 절대 아니야!

논리적으로 보면, 돈을 많이 벌수록, 더 많은 **세금**을 내야지. 그러나 현실은 꼭 그렇지 않아. 부자들과 재정 자문을 해 주는 사람들은 언제나 쓰지 않는 돈을 감

● 세금이란 국가가 국민 모두를 위해 쓸 돈을 마련하려고 국민들이 버는 수입 중에서 일정한 비율로 걷어 가는 돈을 말하지.

추어 둘 가장 안전한 장소와 방법을 끊임없이 찾아 헤매지. 그렇게 찾아 낸 방법으로 자신들의 돈을 감출 뿐 아니라, 더 많은 돈을 벌어들이지. 세금 한 푼 더 내지 않고, 학교나 도로, 병원 같은 공공시설을 짓는 국가 사업에 재정적으로 참여하지도 않으면서 말이야. 슈퍼 부자들이 그들의 돈을 감추는 곳을 우린 흔히 '세금 구멍', '세금 천국'이라고 부른단다.

세금 구멍은 부자들이 가난한 사람들보다도 더 적은 세금을 내려고 만든, 아주 나쁜 발명품이야. 한 가지 예를 들어 볼게. 부르주아 가정에서는 잡다한 집안일을 해 주는 사람들을 고용하지. 그런데 정부는 집안일 해 주는 사람들이 받는 급여의 일부만큼, 부르주아 가정이 내는 **세금을 깎아 준단다**.

●● 일자리를 만들어 줬다는 이유로, 슈퍼 부자들의 세금을 덜어 주는 서비스를 정부가 제공하는 거지.

엄청나게 많은 숫자의 세금 구멍이 곳곳에 있단다. 프랑

스에는 마르티니크, 구아들루프처럼 세계 곳곳에 해외 영토가 있어. 부자들이 그런 지역에 돈을 투자해도 세금을 깎아 주지. 심지어는 멋진 호화 요트를 살 때도 세금을 깎아 준단다.

세금 천국이 뭔지 설명해 줄게. 세금 천국은 그 나라에 있는 은행 고객들의 비밀을 보장하고, 그 나라를 거쳐 가는 돈에 세금을 아주 적게 물리거나, 전혀 물리지 않는 나라야. 버뮤다, 케이만, 카리브 같은 실제로 파라다이스(천국) 같은 섬들이나 유럽의 아주 작은 나라 룩셈부르크, 모나코, 스위스, 미국에 있는 델라웨어 수도 유명한 세금 천국이야.

세금 '천국'은 부자들에게는 말 그대로 천국이지만 가난한 사람들에게는 지옥이야. 가난한 사람들은 부자들에게 두 번씩이나 돈을 빼앗기기 때문이지. 첫째는 세금 천국인 나라들은 일단 노동자들에게 충분한 보수를 지급하지 않기 때문에, 그들이 일한 만큼 정당한 급여를 받지 못한다는 거지. 둘째는 부자들이 불법적인 특권을 누리지 않았다면 마땅히 받아야 했을 사회적 혜택도 못 받는다는 거지. 사회적 혜택은 복지를 말하는 것인데, 이것은 세금을 가지고 하는 것이지. 부자들이 세금을 내지 않아서 좋은 복지 제도를 만들 수가 없어.

슈퍼 부자들이 내야 되는데 안 낸 세금이 프랑스에서만
1년에 800억 유로(120조 원)란다. 세금 도피처에 숨겨 놓은 거지.
상상할 수 있겠니?
이 어마어마하게 많은 돈이 있다면 우리가 무엇을 할 수 있을지?
병원과 학교에 돈을 지원하고, 형편이 넉넉지 않은 사람들에게
동등한 교육의 기회를 갖게 할 수 있지. 가난한 사람들을 돕고,
직장이 없는 사람들이 직장을 가질 수 있도록 할 수 있지.

● 조세정의네트워크라는 국제기구가 발표한 내용을 보면
전 세계 슈퍼 부자들이 세금을 피하려고 숨겨 놓은 자산이
최소 21조 달러에 이르고, 한국은 중국과 러시아에 이어서
세 번째로 많은 돈을 세금 도피처에 숨기고 있는 나라라고 해.
그 금액은 무려 888조 원에 이른다고 하는데,
2013년 한국의 정부 예산 342조 원 보다 2.5배 정도 많은 액수지.

경제 활동을 하는 프랑스 사람 1백 명 중 1명은
1년에 9만3,000유로(1억4,000만 원)를 번단다.
이 돈은 프랑스에서 최저 임금을 받는 사람이
7년 동안 벌어야 하는 돈이기도 하지**.

** 한국인 중 연봉 상위 1%는 2012년 기준으로
1년에 약 2억5,000만 원을 번단다.
이 돈은 한국에서 최저 임금을 받는 사람이
20년 동안 벌어야 하는 돈이지.
한국은 프랑스보다 소득 불평등이
더 심한 나라인 걸 알 수 있지.

경제 활동을 하는 프랑스 사람 1,000명 중 1명은
1년에 80만 유로(120억 원)를 벌지.
이 돈은 최저 임금을 받는 사람이
60년 동안 벌어야 하는 돈이야!

10 부잣집 아이들 역시 부자가 되나요?

예상했겠지만, 이 질문의 답은 "그렇다"란다. 부자 부모들은 자식들 교육에 철저하지. 부잣집 아이들은 부모들이 누리는 모든 문화에 접근할 수 있어. 그리고 그 아이들은 일찍부터 다양한 예술 활동에 참여한단다. 어른이 돼서 대화를 나눌 때 자신의 소양을 뽐내도록 하기 위해서지. 이런 경험들은 부자들의 세계에서 자리를 찾도록 도와주지. 학교 수업을 따라가기 어려우면, 바로 유능한 가정 교사의 도움을 받을 수 있지. 어린 시절부터 집에서 자연스럽게 외국어를 익힐 수 있어. 집에는 외국어를 할 수 있는 보모나 베이비시터들이 있거든. 아이들은 매년 외국으로 휴가를 떠나지. 어릴 적부터 세상이 어떤지 눈으로 직접 보고 느낄 뿐 아니라, 그들이 익힌 외국어를 실제로 현지에서 활용하도록 말이야. 그들은 다른 아이들이 다니는 평범한 학교에 다니지 않아. 유치원 때부터 매우 특별하고 비싼 사립 학교에 다니면서, 좋은 성적을 얻고, 자신감을 충분히 가지도록 교육을 받지. 이 모든 것들은 결과적으로 그들에게 압도적인 우월감을 심어 주게 돼. 우월감은 그들이 가진 재산만큼이나 중요한 것으로 여겨지지.

부모들은 자녀들이 단순한 월급쟁이 자녀와 결혼하지 않도록 각별히 신경을 쓰지. 사슴과 강아지는 같은 우리에서 지낼 수 없다나!

프랑스 그랑제콜은 대학 중에서도 뛰어난 학생들이 들어가는 교육 기관이란다. 그랑제콜을 졸업하면 사회적 권위와 좋은 직업을 가질 기회가 주어지지. 프랑스의 대표적인 그랑제콜에 다니는 학생 10명 중 6명은 상류층이거나 지배 계급 출신이며, 3명은 중산층 출신, 그리고 1명만이 서민 계급 출신이야.

　엄마들은 상류 사회에만 있는 부잣집 아이들 파티를 마련하지. 이런 모임을 '랠리'라고 불러. 아이들은 가족의 재산 규모와 어떤 집안에 속해 있는지에 따라 초대자 명단에 오르게 되지. 이런 파티는 단지 아이들끼리 재미있게 놀고, 친구들을 사귀기 위한 모임이 아니야. 그들과 같은 집단이 누구인지 알고, 그들 사이에서 우정과 사랑이 싹트게 하려는 의도적인 자리지.

　잘 사는 동네 아이들은 자기들끼리만 어울리지. 그 아이들은 같은 반 아이들이 반드시 같은 사회 계급에 속한, 특별히 선별된 학교에 다닌단다. 그들은 가족의 재산을 관리하는 법을 배우고, 그들끼리 즐기고, 춤추고, 초대하며, 서로 사랑에 빠지지. 이들 사이에서 결혼은 두 부르주아 집안의 결합을 의미하는 경우가 많아. 소위 말하는 부자들끼리의 연애결혼인 셈이지.

다른 계급과 섞이는 건 지배 계급의 죽음!

　이렇게 해서, 부잣집 상속자들은 언제나 미래의 부잣집 상속자들을 낳게 되는 법이란다. 부잣집 아이들은, 자기 차례가 되면 재산을 잘 관리하여 다음 세대에게 그것을 물려주기 위한 법을 배우게 되지. 너희들 기억하니? 처음에 말했던 조나단 펠리컨 이야기 말이야.

11 부자라는 걸 어떻게 알아볼 수 있나요?

　기억나니? 책 첫머리에서 부자들은 '지배 계급'이라는 사회 계급을 형성한다고 했었던 거. 그들은 다른 계급 사람들을 여러 가지 방법으로 지배하지. 먼저 자신의 노동력 말고는 특별히 가진 게 없는 사람들을 경제적, 사회적으로 지배하는 거야. 상징적 지배라는 것도 있는데, 이게 아주 중요해. 다른 사회 계급에 속하는 사람들이 부자들은 뭔가 훨씬 더 잘난 존재들이라고 믿게 하는 거지. 부자가 될 자격도 권력과 힘을 가질 자격도 있는 사람들이라고 믿게 해.

　부자는 단숨에 눈에 띄지. 일단, 부자들은 언제나 옷을 잘 입거든. 그들의 옷은 몸에 정확하게 잘 맞고, 멋지게 재단됐으며, 옷감은 아주 편안하지. 이 모든 것들은 그들이 가진 우아함을 자연스러워 보이게 만들어 주고, 이 모든 것들이 자신감과 확신을 준단다. 그들이 걸치는 옷의 스타일, 옷감, 색깔이 모두 부자들의 가치를 상승시켜 주지. 그들의 머리카락은 부드럽고, 스타일은 멋있고, 손질이 잘 돼 있어. 그들은 항상 잔잔하게 웃고, 가지런한 이는 하얗게 빛나지.

　이 정도 완벽한 외양은 거저 갖춰지는 게 아니지! 부잣집 아이들은 어릴 때부터 승마, 테니스, 윈드서핑 같은 스포츠를 익혀. 평범한 집안의 아이들은 접근하기 어려운 운동이지. 그 아이들은 방과 후에, 동네에 있는 시립, 구립 체육관 같은 곳엔 가지 않아. 대신 아주 비싸고 사람을 엄격하게 선별하는 클럽에 가지. 운동을 할 때조차 부잣집 아이들은 비슷한 애들끼리만 모여서 하지. 몇몇 사립 학교에서는 아이들이 스포츠만 하면서 반나절을 보내기도 한단다. 스포츠 활동은 그 아이들에게 신체적 자신감을 심어 주지. 아이들은 나중에 어떤 상황에 부닥쳐도 매우 여유롭게 행동하고, 어떤 경우에도 수줍어하거나 주눅이 들지 않게 되는 거야.

　바로 이런 과정을 거치면서, 소위 상류층에 속하는 사람들은 '자연스럽게' 다른 계급들보다 우월한 것처럼 보이게 된단다. 이런 태도를 두고서 사람들은 '위압적'인 태도라고 말하곤 하지. 위압적 태도는 그들이 말할 때 확실하게 드러나지. 그들이 사용하는 언어, 확신에 찬 말투는 이러한 느낌을 더 강화해 준단다. 이 모든 것은 그들이 다른 계급에 대한 지배를 강화시키는 데 쓰이지.

상징적 지배는
대를 이어 전달되고 습득돼.
상류층의 자녀들은
너무나 많은 이점들이 있는 까닭에,
어릴 때부터 스스로 자신들이
남들보다 우월하다고 느끼게 된단다.

12 민주공화국에선 유산보다 각자의 능력이 더 중요하지 않나요?

그렇지. 맞는 말이야. 그런데 부르주아들은 1789년 프랑스 혁명 이후, 마치 자기들이 귀족인 것처럼 행세했어. 혁명 전 프랑스에서 귀족들은 대대로 성이나 땅을 이어받았으며, 농노들은 그 땅에서 일했단다. 오늘날의 슈퍼 부자들은 진정한 가족 왕조를 만들어서, 금융 자산뿐 아니라, 문화적 자산, 사회적 자산(상류 사회의 인맥)을 다음 세대에게 대대로 물려주지. 이렇게 불평등은 계속된단다. 조나단 선장의 펠리컨처럼. 커다란 경제적 성공은 세대를 거치면서 전달되는 거지. 상속받은 자본과 수입은 다른 사회 계급 사람들을 지배할 권력을 보장해 준단다.

슈퍼 부자들은 계속되는 불평등을 서민들이 쉽게 받아들이고, 반란이나 혁명을 일으키지 않게 하려고 해. 그래서 자신들이 공부도 잘하고, 다른 사람보다 우월하다는 사실을 보여 주지. 이 모든 유산들을 물려받고, 부를 누릴 만한 충분한 자격을 갖추었다는 사실을 설득시키려 애쓰지(바로 여기서 우리가 말했던 상징적 지배의 중요성이 드러나는 거지).

그러나 그들이 사회에서 뛰어난 성취를 이룬다 해도, 그것은 그들이 가진 개인적 재능보다 그들이 이미 출발선 위에서부터 가지고 있던, 다른 계급들은 전혀 가지지 못한 수많은 이점들(돈, 인맥, 문화적 자산 등)에 크게 힘입어 만들어진 결과라는 사실에 대해서는 입 다무는 거지.

13 부자들도 일을 하나요?

경우에 따라 달라. 어떤 부자는 일을 하지. 자기가 소유하고 있는 회사를 경영하는 경우지. 어떤 부자들은 자기가 직접 경영하진 않지만, 소유권을 가지고 있거나 주식 지분을 가지고 있는 회사가 벌어다 주는 돈으로 살기도 해. 이런 경우, 그들이 갖게 되는 돈은 자신들이 일을 해서 버는 게 아니라, 다른 사람들이 그들을 위해서 일한 돈을 가져가는 거지.

그러나 물려받은 재산을 자기가 선택한 활동을 위해 사용하면서 살아가는 부자들도 있단다. 거대한 은행가 집안의 한 후손은 국제 관계 분야에 열정을 가지고 있어서, 이 분야에 대한 책도 쓰고, 대학에서 강의도 하면서 살기도 해. 대학 교수들이 그렇게 많은 돈을 버는 건 아니지만, 그런 건 그 사람한테 별 문제가 아니지. 어차피 그 사람은 물려받은 재산으로 편안하게 살 수 있으니까.

어쨌든 분명한 건, 슈퍼 부자들의 경우 그들의 재산이 그들의 직업보다 훨씬 더 분명하게 그들을 규정한다는 사실이야. 한번 상상해 보렴. 너희가 지금 읽고 있는 이 책을 쓴 사람들이 은행가인 데이비드 로스차일드가 참석하는 호화스러운 연회에 초대받았다고 말이야. 우리는 사회학자, 혹은 삽화가로 소개되겠지. 우린 우리의 직업밖에 딱히 가진 게 없거든. 그러나 데이비드 로스차일드는 그냥 데이비드 로스차일드라고 소개가 될 거야! 왜냐면 그는 단지 이름만으로 그가 누구인지를 충분히 설명할 수 있으니까. 그의 이름은 그의 가문이 소유한 모든 부를 상징하기 때문이야.

슈퍼 부자들이 설사 직업이란 걸 가졌다고 해도, 직업은 그 사람이나 그 사람이 속한 사회를 규정하는 핵심적인 요소가 되지 못한단다.

부자로 존재하는 것,
그것은 하나의 정규적인 활동인 셈이지.

부자들의 진정하고도 유일한 일은, 그들의 재산을 키우는 것이야. 그들은 그들의 유일한 일인 부를 유지시키는 활동을 위해 모든 노력을 기울이지. 특히 그들의 재산을 누군가 나누게 되는 일이 없도록 말이야. 투자 전문가들에게 조언을 받아서, 그들의 재산을 늘리는 최선을 방법을 언제나 찾고 있지. 부동산을 사들이고(빌딩, 성, 호텔, 심지어는 섬 하나를 통째로 사기도 하지.), 그림, 비싼 포도주를 생산해 내는 포도 농장을 사들이지. 그리고 이제 너희들도 잘 알겠지만, 그들은 세금을 내지 않으려고 그들이 가진 많은 돈을 감추는 데에도 시간과 정성을 들인단다.

부자의 삶을 유지한다는 건 많은 시간과 노력을 요구하는 일이란다. 그들이 물려받은 재산이 손상되거나 줄어들거나 사라지는 걸 보고 싶어 하지 않는다면.

14 부자들은 일하지 않을 때 뭘 하나요?

이 질문은 슈퍼 부자들에게는 큰 의미가 없어. 사실 우리는 그들은 언제나 일하고 있다고 말할 수도 있고, 절대 일 따위는 안 한다고 말할 수도 있단다.

물론 부자들은 설거지 같은 일은 하지 않지. 청소기를 돌리지도 않고, 직접 잔디를 깎지도 않아. 그건 그들의 집에서 일하는 고용인들이 하는 일이지. 그들은 많은 시간을 다른 부자들과 노닥거리며 보낸단다. 그런데 우리 눈에는 단지 같이 앉아서 잡담이나 나누는 것처럼 보이는 그들의 만남이 사실은 그들의 '일'인 거지!

슈퍼 부자들은 회사 일은 전문 경영인들에게, 그리고 그들이 고용한 각종 영역의 전문가들에게 자문을 듣지. 그 동안 그들은 이런 저런 약속들을 잡아. 그들은 또 다른 부자들과 이런 저런 이유로 오찬 모임, 칵테일파티, 전시회 오프닝, 만찬 등을 갖지. 그리고 그런 모임에는 종종 그들에게 유용할 법한 사람들이 초대되기도 한단다. 그들은 주말에는 사냥하고, 자가용 비행기를 타고 세계 이곳저곳을 다니면서 중요한 사람들과 함께 골프를 치지. 그들은 그들이 가진 멋진 별장이나 요트에 다른 부자들을 초대하거나, 또 초대 받기도 하지.

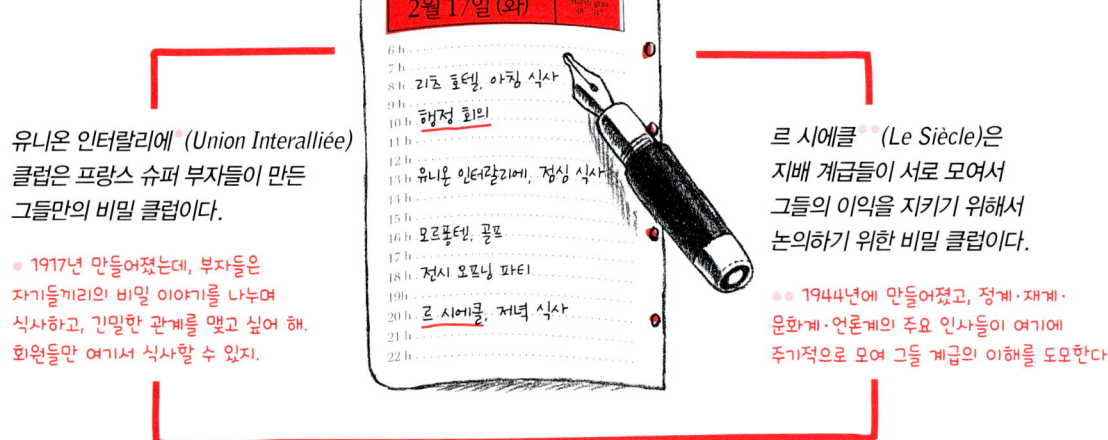

유니온 인터랄리에 (Union Interalliée) 클럽은 프랑스 슈퍼 부자들이 만든 그들만의 비밀 클럽이다.

● 1917년 만들어졌는데, 부자들은 자기들끼리의 비밀 이야기를 나누며 식사하고, 긴밀한 관계를 맺고 싶어 해. 회원들만 여기서 식사할 수 있지.

르 시에클 ●● (Le Siècle)은 지배 계급들이 서로 모여서 그들의 이익을 지키기 위해서 논의하기 위한 비밀 클럽이다.

●● 1944년에 만들어졌고, 정계·재계·문화계·언론계의 주요 인사들이 여기에 주기적으로 모여 그들 계급의 이해를 도모한다.

　그들은 매일 한 손엔 샴페인을 들고, 남들 앞에서 그럴듯하게 가식을 떨면서 살아가지. 그것이 그들의 일상이야. 물론 그건 어려운 일이 아니지. 그리고 그건, 그들이 속한 사회 계급의 구조 속에서 살아가기 위해선 반드시 필요한 일이기도 해.

　그들이 언제나 서로의 인맥 속에서 살아가야 한다는 사실은 그들 계급의 단결을 더욱 강화해 주지. 이 책의 첫 장에서 내가 말했던 것 기억나니? 하나의 사회 계급을 단단하게 만들어 주는 것은, 우리 모두가 그 속에 속해 있으며, 우리는 동일한 목적을 가지고 있다는 의식이야. 이걸 계급 의식이라고 하지.

　그들이 맺는 사교 관계는 그들의 의식 속에 자신들은 남보다 뛰어난 존재들이라는 생각을 심어 주고, 그들끼리 결속과 공동의 이익에 대한 생각을 더욱 단단하게 만들어 준단다. 그들이 공동으로 가진 '상류 계급이라는 의식', 바로 그것이 그들의 부를 다른 계급에 대한 권력으로 탈바꿈시켜 주는 핵심이기도 하지. 그들은 자신들이 가진 모든 방법을 동원해서 그들의 공동의 이익을 함께 지키려고 노력을 기울이지.

15 부자들은 어디에 사나요?

　부자들은 다른 부자들과 같은 동네에 살지. 물론 임대 주택 같은 데 사는 부자는 하나도 없고, 먹고 살기 위해서 반드시 일을 해야만 하는 사람들이 사는 동네에도 그들은 살지 않지.

　그들은 멋진 동네에 살아. 그런 동네에선 모든 게 멋지고 널찍널찍하지. 보도, 정원, 아파트, 건물 로비 등 곳곳에 감시 카메라가 설치되어 있고, 비밀번호를 눌러야 접근할 수 있으며, 그들끼리의 고급스러운 고요를 깨뜨리는 외부인을 차단하려고 곳곳에 관리인들이 있지. 종종 거리 자체가 일반인 출입 통제인 경우도 있어. 거리 입구에는 '외부인 출입 금지'라고 쓰인 철창문이 굳게 잠겨 있곤 하지.

　부자들이 사는 동네에 임대 주택을 짓는 일은 거의 없지. 일단 그 어떤 시장도 부자들의 심기를 거스를 만한 용기가 없단다. 또 정치인 대부분은 부자들과 같은 계급 출신이기 때문이지. 따라서 그들은 부자들과 같은 세계관을 가지고 있고, 자기 계급의 이해를 지키려면 어떤 식으로 일이 진행돼야 하는지에 대해 같은 생각을 가지고 있거든.

부자들의 게토

파리 16구에 있는 빌라 몽트모렌시는 높이 솟은 철제문에 가려진 비밀스런 동네야. 많은 경비원들과 감시 카메라가 그 동네를 지키지. 부자들과 슈퍼 부자들이 거기서 살아. 넓은 정원을 가진 아름다운 저택 120채가 그 안에 늘어서 있지. 부자들은 그곳에서 가난한 사람을 마주칠 위험(!) 없이 저택 사이에 놓인 길을 평화롭게 거닐 수 있단다.

● 게토는 중세 이후 유대인들을 강제 격리시킨 유대인 거주지를 말해. 여기서 부자들의 게토라고 말한 건, 반어법인 셈이지.

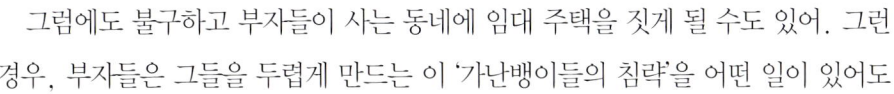

그럼에도 불구하고 부자들이 사는 동네에 임대 주택을 짓게 될 수도 있어. 그런 경우, 부자들은 그들을 두렵게 만드는 이 '가난뱅이들의 침략'을 어떤 일이 있어도 막아 내려고 모든 힘을 합친단다. 부자들이 가장 강하게 집착하는 그들의 특권 중 하나는 바로 부자들끼리 같은 동네에서 살아가는 것이기 때문이지. 그들 각자가 가진 부와 권력은 그들 모두에게 파급력을 미치거든. 다른 부자들과 단단한 관계를 맺고 살아갈 때, 그들의 힘은 더 커진다는 걸 그들은 잘 아는 거지!

●● 우리나라의 슈퍼 부자들도 마찬가지야. 서울 강남 지역이 부자들이 많은 동네로 알려져 있지만, 여긴 신흥 부자들이 많고, 오래된 큰 부자들은 강북에 살아. 우리나라 100대 기업 총수 가운데 23명이 강남에 살고, 나머지는 강북에 살지. 평창동, 한남동, 성북동 이런 동네들이 바로 그들이 모여 사는 곳이야.

파리는 프랑스에서 부자들이 가장 많이 사는 도시야. 파리에서도 대부분의 상류 계급들은 파리의 서쪽 동네(파리 7구, 8구, 16구)에 주로 몰려서 산단다. 그리고 뇌이(Neuilly, 프랑스에서 두 번째로 부자들이 많은 도시)처럼 파리의 서쪽에 있는 몇몇 작은 도시들에도 부자들의 동네가 있지. 그러나 그들은 다른 부자들을 만나는 걸 지겨워하지 않아서, 파리에만 머무르지 않고 겨울이면 꾸르슈벨(알프스 산에 있는 겨울 휴가지)에, 여름이면 상 트로페(남프랑스 해변에 있는 휴양 도시)에 있는 부자들의 화려한 사유지에서 서로 얼굴을 보며 휴가를 즐긴단다.

16 부자들은 사회에 필요한 존재인가요?

이런 식의 시각은 부자들이 사회를 협박하도록 해 주지. 만약 정부가 그들에게 세금을 더 내라고 한다거나, 그들이 누리고 있는 특권 중 하나를 줄이려 하면, 그들은 이 나라를 떠날 것이며, 그럼 자기네들의 부가 이 사회에 제공하던 모든 것들도 사라질 거라고 엄포를 놓는단다.

부자들은 흔히 일자리를 만들어 주고, 자신들의 부로 다른 사람들에게 혜택을 주기 때문에 자기들 덕택에 경제가 돌아간다고 말하지. 그들이 하는 말을 들어 보면, 마치 그들은 이 사회에서 꼭 필요한 존재인 것처럼 들려. 그리고 부자들은 자신들이 이 사회에 꼭 있어야 하는 존재라는 사실을 다른 이들에게 설득하려 하지. 이러한 논리에 설득력을 더하기 위해서 그들은 **낙수 이론**이라는 것까지 만들었단다. 그 이론에 따르면, 사회는 하나의 산이야. 물론 그 산의 맨 꼭대기에는 바로 그들이 있고, 거기서 나머지 계급의 사람들을 지배하는 거지. 그리고 그들이 가진 많은 돈이 흘러내려서 사회를 적신다는 거야. 그렇게 해서 결국 노동자들의 지갑 속까지 그 돈이 흘러들어갈 수 있게 된다는 거지.

그러나 그들이 말하는 낙수 이론은 완전히 엉터리라는 사실이 밝혀졌어. 오히려 현실은 정반대지. 부자들은 자신들의 부를 더욱 키워 가는 것에만 모든 에너지를 쏟기 때문에, 부자들이 부를 축적할수록 가난한 사람들은 더욱 더 가난해진단다.

● 2015년 국제통화기금의 발표에 따르면, 소득 상위 20%의 소득이 1% 늘어나면, 오히려 사회 전체의 경제성장률이 0.08% 줄어들고, 소득 하위 20%의 소득이 1% 늘어나면, 경제성장률은 0.38% 늘어나. 낙수이론과는 정반대지.

사회는 하나의 피라미드처럼 구성되어 있다고 설명했던 것 기억나니? 가장 밑에는 서민 계급으로 노동자들과 급여 생활자들이지. 사람 수도 가장 많고, 가장 가난한 사람들이지. 중간에는 서민 계급보다는 좀 더 많은 돈을 버는 중산층이 있단다. 피라미드의 제일 꼭대기에는 슈퍼 부자들이 있어. 수는 가장 적지.

잘 봐. 우리가 피라미드의 맨 꼭대기를 잘라 낸다고 가정해 보자. 무슨 일이 생기지? 아무런 문제도 생기지 않아. 피라미드는 여전히 건재하지. 그런데 반대로 가장 밑바닥을 쳐낸다고 생각해 봐. 그건 바로 재앙이지. 피라미드 전체가 무너지고 말지. 부자들도 함께 바닥으로 추락하고 말아. 이렇게 피라미드가 무너지면, 부자도 가난한 사람도 없어지지. 사막만 남을 뿐이야.

노동자 없이는, 부가 만들어지지 않아. 그럼 부자도 없어지겠지!

17 부자들보다 가난한 사람들이 더 많은 세금을 낸다고요?

이보다 더 믿을 수 없는 일이 있을까? 부자들이 가난한 사람들보다 세금을 더 적게 낸다! 어떻게 이렇게 부당한 일이 일어날 수 있느냐고? 이런 일이 가능한 건, 큰 부자들은 자신들의 재산 중 극히 작은 부분에 대해서만 세금을 내기 때문이야.

우린 앞에서 세금 천국에 관해서 이야기했지. 바로 그 세금 천국들 덕에 부자들은 세금을 안 낼 수가 있지. 그들이 자신들의 개인적인 재산과 기업을 통해 얻는 이득을 최대한 감춰서 세금을 포탈한 금액은 1년에 800억 유로 (120조 원)에 이르지. 모든 국민들을 위해 쓸 수 있는 800억 유로의 돈이 그렇게 해서 사라지는 거야.

● 이 돈은 우리나라 국민 모두에게 각각 240만 원씩 나눠줄 수 있는 큰돈이란다.

슈퍼 부자들은 100유로 벌 때마다 45%인 45유로를
모든 국민들이 함께 사용할 수 있도록 국가에 내야 되지.
그러나 현실에서 그들이 내는 돈은 겨우 25유로밖에 안 돼.

　세금 천국 이외에도 '세금 구멍'이라는 게 또 있단다. 그것은 지배 계급이 건물이나 멋진 요트 따위를 살 때, 혹은 집안에 이런 저런 인력을 고용할 때(집안일을 하게 하거나, 날씬해지기 위해서 약간의 스포츠를 하거나, 아이들에게 집에서 과외를 시키거나 하는 등의 경우) 부자들의 세금을 깎아 주기 위해 특별히 고안된 맞춤형 꼼수들이지.

　슈퍼 부자들은 이밖에도 수많은 특혜들을 누린단다. 예를 들면, 그들이 아무것도 하지 않고 벌어들이는 돈(재산 상속, 금융 투자, 각종 투기 등을 해서)에는 일반 사람들이 일해서 벌어들인 돈보다 훨씬 낮은 비율의 세금이 매겨지지.

　서민 계급과 중산층들은 급여 이외에는 별다른 수입이 없으며 수입을 세금 천국에다가 숨길 수도 없고, 세금 구멍을 통한 혜택을 얻을 수도 없어(섬에 정박해 있는 호화 요트도, 하인이 거느리고 있는 저택도 없으니 특별히 세금 감면을 받을 일이 없는 거지). 그래서 그들은 급여 전체에 대해서 고스란히 세금을 낸단다.

　게다가 부자나 가난한 사람이나 똑같이 내는 부가가치세라는 세금이 있지. 우리가 사는 모든 것들(음료수, 바게뜨빵, 스파게티면, 자동차 등)에는 바로 이 부가가치세가 똑같이 붙게 된단다. 우리는 물건을 살 때마다 자기도 모르게 이 숨겨진 세금을 내고 있는 거란다. 그리고 바로 이 부가가치세는 나라가 걷는 세금 중에 가장 큰 부분을 차지하지.

•• 프랑스의 경우는 물건 가격의 20%, 한국은 10%가 매겨지지.

헐, '해고'네.
은행에 5천 유로
갚아야 하는데.

18 부자들의 무기는 뭔가요?

슈퍼 부자들은 끊임없이 더 큰돈을 벌려 하고, 자기들의 특권을 지키려고 하지. 그래서 그들은 항상 서민 계급과 전쟁 중이지. 끔찍한 피해를 발생시키는 **금융과 경제 전쟁**이야. 그리고 이 전쟁은 **세계 전쟁**이기도 해. 대기업들과 큰 부자들이 생산하는 부와 재산은 이 나라에서 저 나라로 이익이 나는 곳이라면 어디든 옮겨 다니거든.

그들은 이익을 극대화하고, 인건비 지출을 최소화하기 위해서 사무실이나 공장에서 일하는 사람들에게 최대한 적은 돈을 주려고 하지. 더 이상 임금을 깎을 수 없게 되면, 그들은 임금 조건이 더 형편없는 나라로 회사를 옮긴다. 사람들은 이것을 '**지역 이전**'이라고 부르지. 이런 기업에서 일하는 사람들에게 남는 선택은 실업자가 되거나 훨씬 더 낮은 임금을 받아들이는 거지. 사람들은 결국 모든 것을 잃는 것이 두려워 낮은 임금을 받아들이게 되지.

우리는 지금 전쟁을 하고 있는 중이란다(계급 전쟁이지). 우리에게는 바로 이 지구라는 전쟁터가 있고, 전쟁터에 나서서 싸우는 병사들도 있지(슈퍼 부자들과 여기에 맞서는 시민들). 전쟁이 벌어지고 있는 이 세상이 어떻게 돌아가는지 알기 위

해 우리에게 필요한 게 있지. 그건 슈퍼 부자들이 사용하고 있는 무기가 뭔지, 우리는 어떤 무기를 쓸 수 있는지 제대로 파악하는 거야.

두려움. 이것은 지배 계급이 가진 가장 핵심적인 무기지. 아주 끔찍한 무기이기도 하단다. 일자리를 잃을까 봐 두려워하는 직장인들은 적은 돈을 받거나, 똑같은 일을 하는데 인원이 줄어들어 일이 점점 더 힘들어지더라도 그냥 일을 할 수밖에 없게 되지. 실업 상태에 있는 사람들이 바라는 것은 단 한 가지, 일을 하는 것이거든. 어떤 조건이든 따지지 않게 되는 거야. 그래서 그들은 일은 더 하고, 돈은 덜 받는 조건을 받아들일 수밖에 없게 된단다.

두 번째는 **노동자의 권리**야(주말에는 가족들과 함께 휴식을 취할 수 있고, 일정한 시간을 일한 후에는 연금을 받으며 은퇴 생활을 할 수 있으며, 아프거나 실직했을 때에는 그 기간 동안 생활하도록 하는 일정한 수당을 받을 권리 같은 것들이야). 기업주들은 이 권리들을 야금야금 갉아먹어 왔어. 가진 것이 별로 없는 사람들에게 하나라도 더 빼앗으려는 부자들의 야비한 수작이지.

이런 경제적 무기들은 매우 효과적이야. 무엇보다 이 무기들은 언제나 부자들에게 더 많은 돈을 벌게 해 주지. 게다가 이 무기들은 가난한 사람들에게 슈퍼 부자들과 맞서는 것은 불가능하며, 싸움이 시작되기도 전에 승부는 이미 결정됐다고 생각하도록 만들지. 투쟁은 필요 없게 됐고, 강한 자가 늘 이기는 것이 피할 수 없는 원칙이 되었다고 말이야.

계급의 연대(부자들은 자기들끼리 똘똘 잘 뭉친다고 말했던 거 기억나지?)는 막강한 무기이며, 그들은 이 무기를 아주 잘 사용할 줄 안단다. 서로 뭉칠 때, 그들의 힘은 훨씬 더 커지며, 그들은 이 사실을 매우 잘 이해하고 있지.

그들은 같은 계급에 속한 사람들이 분열할 때, 그 힘이 형편없이 약해진다는 것도 알고 있어. 그래서 그들은 다른 계급들을 서로 분열시켜 그들의 힘을 약화시키려고 하지. 그들은 극빈층과 그보다 덜한 빈곤층이 서로 대립하게 만들고, 공공 분야에서 일하는 사람들과 민간 기업에서 일하는 사람들, 현지 노동자들과 외국에서 온 노동자들이 서로를 적으로 대하게 만들지.

그들에게는 또 강력한 동맹군들이 있단다. 정치인들과 언론인들. 정치인들 역시 지배 계급에 속해. 그러니까 자기 계급의 이익을 지키겠지. 이 부분에 대해선 다음 장에서 더 자세히 말할 거야.

• 한국에서는 여기에 법조인들을 추가할 수 있지. 최근 조사를 보면 국민의 73%가 사법부를 믿을 수 없다고 답했어. 법이 만인 앞에 평등하지 않고 돈과 권력을 가진 자들의 편을 들기 때문이지.

언론인들도 마찬가지야. 대부분의 신문, 방송들은 지배 계급의 목소리를 대변하지. 그들은 항상 이렇게 얘기하거든. "그냥 그런 거다. 아무것도 바꿀 수 없다. 현실을 그대로 받아들여야 한다. 당신들은 더 많이 희생해야 하고, 허리띠를 더 졸라매야 한다. 그러니 조용히 입 다물어라."(이런 걸 바로 '지배 계급의 논리'라고 말하지.)

같은 계급에 속하는 이 모든 힘 있는 자들과 맞선다는 건 몹시 어려운 일이야. 그들은 같은 공부를 했고, 같은 방식으로 살아가며, 이들에게는 세상이 달라져야 할 아무런 이유가 없거든.

언어 또한 그들의 무기야!

부자들은 자신들에 대해서 긍정적으로 말하는 걸 좋아하지. 마치 그들이 직접 부와 일자리를 만들어 내는 장본인인 것처럼. 그들이 서민 계급에 대해서 말할 땐 단어들이 완전히 달라지지. 그들은 급여라는 말 대신, '고용 비용'이라는 말을 쓰고, 사회 보장을 위해 납부하는 회비를 그들이 짊어져야 하는 '부담금'이라고 이야기해. 이러한 단어들은 부를 창조하는 것은 바로 노동이고, 노동이 부자들이 가진 재산의 근원이라는 사실을 숨기지. 그리고 실업 상태에 있는, 가장 형편이 어려운 사람들을 '구호 대상자'라는 식으로 불러서, 그들이 실업 보험금을 냈기 때문에 당당하게 받아야 하는 사회적 지원에 대해, 마치 뭔가를 속여서 뜯어 내는 돈인 것처럼 말하지.

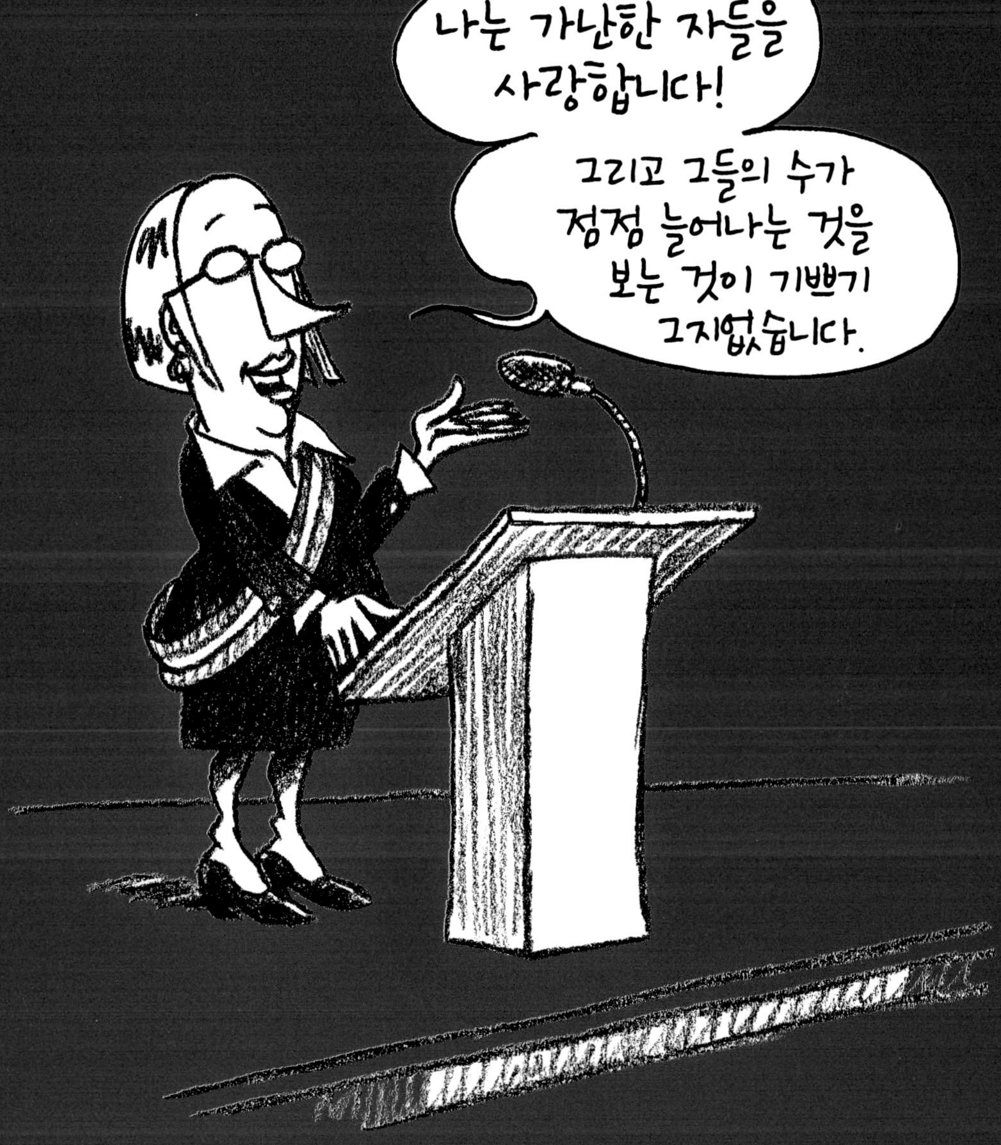
나는 가난한 자들을 사랑합니다!
그리고 그들의 수가 점점 늘어나는 것을 보는 것이 기쁘기 그지없습니다.

19 왜 대통령은 불평등 해소를 위해 아무것도 안 하나요?

이 나라를 다스리는 정치인들은 거의 대부분이 노동자나 직장인 계급 출신이 아니야. 그들은 거의 모두가 지배 계급 출신이지. 그들은 윤택한 집안이거나 거대한 부를 축적한 집안에서 태어났지. 좋은 대학에서 엇비슷한 공부를 했으며, 지배 계급들이 갖는 모든 종류의 이점들을 차곡차곡 쌓아 온 사람들이야. 우리는 이미 그들이 저녁을 같이 먹고, 결혼도 자기들끼리 하고, 사교계 파티에 참여하면서, 엇비슷한 동네에서 그들끼리의 삶을 살아간다는 사실을 얘기했지.

그러니까 그들이 자기네 계급, 그리고 사실상 그들이 알고 있는 유일한 세상, 즉 부자들의 세상에 유리한 법을 만들어 내는 건 하나도 놀랄 일이 아닌 거지.

서민 계급은 점점 더 선거를 안 하는 방식으로 그들의 불만을 드러내고 있어. 그러나 이건 결코 해결책이 되지 못해. 투표하지 않는 것은 정치인들이 시민 대다수의 이익과 반대되는 정책을 펼치도록 내버려 두는 것과 같은 거야. 우리의 목소리를 최대한 그들이 들도록 해야 하는 거야.

직장인과 노동자들은 직업 활동 인구(은퇴 이전의 성인 인구) 가운데 절반을 차지하지만, 2012년 프랑스 국회에서 이들이 차지한 의석은 전체 577석 중 단 15석뿐이야. (그나마도 노동자는 한 명도 없어!)

15명의 직장인이 국회의원으로 선출되었으며 노동자출신은 0명이다.

20 세상을 바꾸기 위해 우리 무엇을 할 수 있죠?

사랑하는 우리의 젊은 독자들에게,

만약 너희가 이 책을 읽으면서, 아니면 그림들을 보면서 크게 웃었거나, 화가 조금 났다면 벌써 커다란 변화가 시작된 거야! 너희는 이제부터 학교에서 선생님들이 "모든 사람들에게 똑같은 기회가 주어졌다."라고 말해도, 그건 사실이 아니라는 걸 알게 됐지? 너희는 또 사람들이 부와 가난이 지금처럼 함께 있는 것은 아주 자연스럽고, 어쩔 수 없는 일이라고 말해도, 그 말이 사실이 아니라는 것을 알게 됐어. 너희는 불평등은 자연스러운 것이 아니라 부자들과 권력자들이 만들어 낸 것이고, 그들은 이런 현실이 지속되기를 바란다는 것도 이제 잘 이해하게 됐을 거야.

더 많은 돈을 향한 질주는 우리 사회 전체를 위험으로 몰아넣고 있어. 그리고 지구 전체를 위협하고 있지. 예를 들어서 지구 전체에 닥쳐온 큰 재난인 지구 온난화 현상은 부를 쌓는 데 급급한 나머지 자신들이 한 행동이 어떤 결과를 가져올지 생각도 하지 않는 사람들이 만들어 낸 끔찍한 결과야. 그리고 지구 온난화의 결과로 가장 큰 피해를 보는 사람들은 물론 가장 가난한 사람들이지. 사막 근처에 자리 잡고 사는 사람들, 큰 바다 근처에 허술한 집을 짓고 사는 사람들이 바로 그들이지.

돈과 이익이 군림하는 지금의 세상을 멈추게 할 수 있는 것이 아무것도 없다면, 가난한 사람들과 자연은 지금보다 더 끔찍한 상황에 마주치게 되겠지. 그러나 누군가가 만든 것은 다른 사람들에 의해서 무너질 수도 있는 법이란다. 다행이도 말이야!

사회 정의가 바로 세워지는 사회. 그것은 이제 너희가 이 사회의 시민으로서 해야 할 일인 거야. 예를 들면, 국민을 대표하는 정치인들이 좀 더 많이 서민층에서 나오도록 해야 하겠지. 그들이 지배 계급만을 대변하지 않도록 말이야. 그래서 세금 구멍을 없애고, 부자들이 세금 천국에 돈을 감춰 두지 못하게 하고, 투기로 벌어들인 소득에는 더 많은 세금을 매기고.

네 앞에는 이렇게 해야 할 일들이 많이 있단다. 자, 이제 일어서자!